法治文化
经典传承
丛　　书

# 孩子爱读的法律故事

## 从上古到明清

甘　棠◎著
孙燕子◎绘

**1** 上古·夏商周·春秋战国

法律出版社 LAW PRESS · CHINA
北京

**图书在版编目(CIP)数据**

孩子爱读的法律故事 : 从上古到明清 : 全5册 / 甘棠著. -- 北京 : 法律出版社, 2024

ISBN 978-7-5197-9135-3

Ⅰ. ①孩… Ⅱ. ①甘… Ⅲ. ①法制史-中国-古代-青少年读物 Ⅳ. ①D929.2-49

中国国家版本馆 CIP 数据核字(2024)第095932号

**孩子爱读的法律故事:从上古到明清(全5册)**
**HAIZI AI DU DE FALÜ GUSHI: CONG SHANGGU DAO MING-QING(QUAN 5 CE)**

甘 棠 著
孙燕子 绘

策划编辑 张 岩
责任编辑 张 岩 程鹏瑶
装帧设计 汪奇峰 鲍龙卉

**出版发行** 法律出版社
**编辑统筹** 重大项目办公室
**责任校对** 杨锦华
**责任印制** 吕亚莉
**经　　销** 新华书店

**开本** 710毫米×1000毫米 1/16
**印张** 44.25 **字数** 200千
**版本** 2024年9月第1版
**印次** 2024年9月第1次印刷
**印刷** 北京盛通印刷股份有限公司

地址:北京市丰台区莲花池西里7号(100073)
网址:www.lawpress.com.cn
投稿邮箱:info@lawpress.com.cn
举报盗版邮箱:jbwq@lawpress.com.cn
销售电话:010-83938349
客服电话:010-83938350
咨询电话:010-63939796


**书号**:ISBN 978-7-5197-9135-3
**定价(全5册)**:198.00元
凡购买本社图书,如有印装错误,我社负责退换。电话:010-83938349

# 序

中华法治文明绵延数千年，孕育了在世界上独树一帜的中华法系，彰显了中华民族的伟大创造力。中华优秀传统法律文化内涵丰富，涉及诸多方面。本系列书籍的时间节点从上古到明清，选取30个符合现代价值导向的中国传统法律文化故事，虽只是沧海一粟，然见微知著，对小读者理解中华优秀传统法律文化颇有益处。

什么是法律？第一篇《法的故事》就讲到，现在的“法”字，最早写成“灋”，它由“水”“廌”和“去”三部分构成。“灋，刑也。平之如水，从水；廌，所以触不直者，去之。从去。”这是古代人对公平和正义的理解。

用法律来治理国家和社会，首先要立法，春秋时期的子产铸刑书，是中国历史上首次公开成文法。《一断于法》里李悝的《法经》体现了当时高超的体系性立法技术。

当法律被制定出来，下一步便是严格执行。在执法方面，中国历史上有许多著名的官员，他们将法律奉为国家公器，严格遵奉执行法律，其执着精神甚至能够抗衡皇权的专断。《秉公执法》中的张释之便是其中的典范。

在古代中国，对地方的治理很大程度上是靠司法来完成的。地方政府的象征——衙门，也是决断各类案件的司法机构，因此，司法工作成为评价地方官员政绩的重要指标。中国历史上留下美名的官员有很多都是因在司法上出众的成绩而受到赞颂，他们在司法工作中公正廉明、明察秋毫、无畏强权，百姓习惯称他们为“青天”。其中最著名的莫过于《包拯断案》中的“包青天”。

这些人虽然已经消逝于历史长河之中，但他们的精神依然保留在中华民族的法律文化中，对立法的专深、对执法的执着、对司法的奉献、对法律教育和法学研究的敬业，这些精神成为新时代的法律职业精神，被一代又一代新的法律人所传承、发扬，成为社会主义法治建设的不竭动力。

特定的民族精神哺育特定的文化，中华优秀传统法律文化虽具有时代的局限性，但凝练了中华民族千年以来的智慧，蕴含着中华民族的精神气质，其背后是中华民族生长、发展的历程，在今天仍然有传承的必要。

我也很欣喜地期望，小读者们通过这套书籍，看到、理解中国历史和中华优秀传统法律文化，在心中种下第一颗法治的种子，使其生根发芽并终将枝繁叶茂，这不仅有利于建设中国特色社会主义现代化法治国家，也将为人类法治文明的进步作出中华民族应有的贡献。

这是民族的希望、法治的希望。

何勤华

华东政法大学教授、博士生导师

2024 年 9 月

# 目录

# 壹

壹

# 法的故事

皋陶

## 趣读故事

相传在春秋时期的齐国，有一位名叫王里国的人，与另一位名叫中里徼(jiǎo)的人发生了纠纷，到官府去打官司。在公堂上，双方各执一词，断案的官员也无法判断到底谁说的是真话。于是，这桩案件就一层一层地往上递。

官司打了三年，最终来到齐国当时的最高统治者齐庄公面前。齐庄公是一位英明有为的君主，把国家治理得井井有条，常常亲力亲为处理疑难案件。

他让王里国、中里徼在殿前辩论，结果两个人你一句我一句，唇枪舌剑，吵得不可开交，一时之间难辨真伪。

一位大臣说："既然没法判断谁说的是真话，那就把两个人都抓起来吧，反正总有一个人犯了罪。"另一位大臣说："不行，这样会冤枉好人啊！国君仁厚，还是把他俩都放了吧。"又一位大臣说："全放了肯定不行，犯了罪的人

不被追究，那以后还怎么治理国家呢？”

大臣们说的都很有道理。都放了，会放纵犯罪；都抓起来，会造成冤案。齐庄公觉得，自己真是遇到了一个天大的难题。

这时，一位大臣站出来，对齐庄公说：“大王，可以请神庙中的神兽来解决这个难题。”

齐庄公大喜道：“对啊，怎么忘了它了呢！”

第二天，齐庄公便率领群臣，将王里国和中里徼都带到神庙。经过一番复杂的祈祷仪式，神庙中竟缓缓走出一头神兽。这头神兽体壮如牛，有点像羊又有点像鹿，类似麒麟（qí lín），全身长着浓密的毛，双目明亮有神。

齐庄公上前，虔诚地对神兽行礼后，简要地说明了二人的纷争。

然后，王里国与中里徼一左一右，站到了神兽前面。他们二人指天为誓，承诺不欺瞒天地众神。

接下来，王里国向前一步，率先朗读自己的诉状。神兽静静地听着，直到他读完，也毫无反应。

然后，中里徼开始读自己的诉状，可还没读到一半，神兽突然怒目圆睁，腾空而起，用头上的大角将他顶翻在地。

现场围观的众人目瞪口呆，纷纷下跪表达

对神兽的敬畏。

齐庄公于是作出最终判决，王里国胜诉，依照法律对中里徼定罪处罚。

原来，这头长相奇特的神兽就是传说中上古圣人、“中国司法鼻祖”皋陶（gāo yáo）饲养的、专门用来判案的神兽——獬豸（xiè zhì）。

獬豸又名廌（zhì），因为头上长着一只独角，锋利无比，故又称独角兽。相传皋陶在处理案件时，若有疑难之处，就令人牵出廌。廌十分有灵性，具有识别罪犯的本领。看到罪犯，廌便会用独角将其顶翻。

皋陶有了廌，如虎添翼，断案如神。同时，百姓都相信廌作为神兽，判案一定公正无私，对神兽作出的判决坚信不疑。

由于廌拥有这样神奇的能力，自古以来，

它都被看作公平正义的象征。

春秋战国时期，楚国的国王将鹰的形象作为纹饰制成衣冠；到秦朝时，皇帝将这种冠正式赐给掌管司法的官员，称为“獬豸冠”。

到了东汉，獬豸冠直接被人们称为“法冠”。到了清代，御史和按察使这些司法官员一律戴獬豸冠，穿绣有獬豸图案的官服。

直到今天，在法学院校的殿堂中，在法院的门口，我们还常常能看到獬豸代表法律、代表公平、代表正义的威严身影。

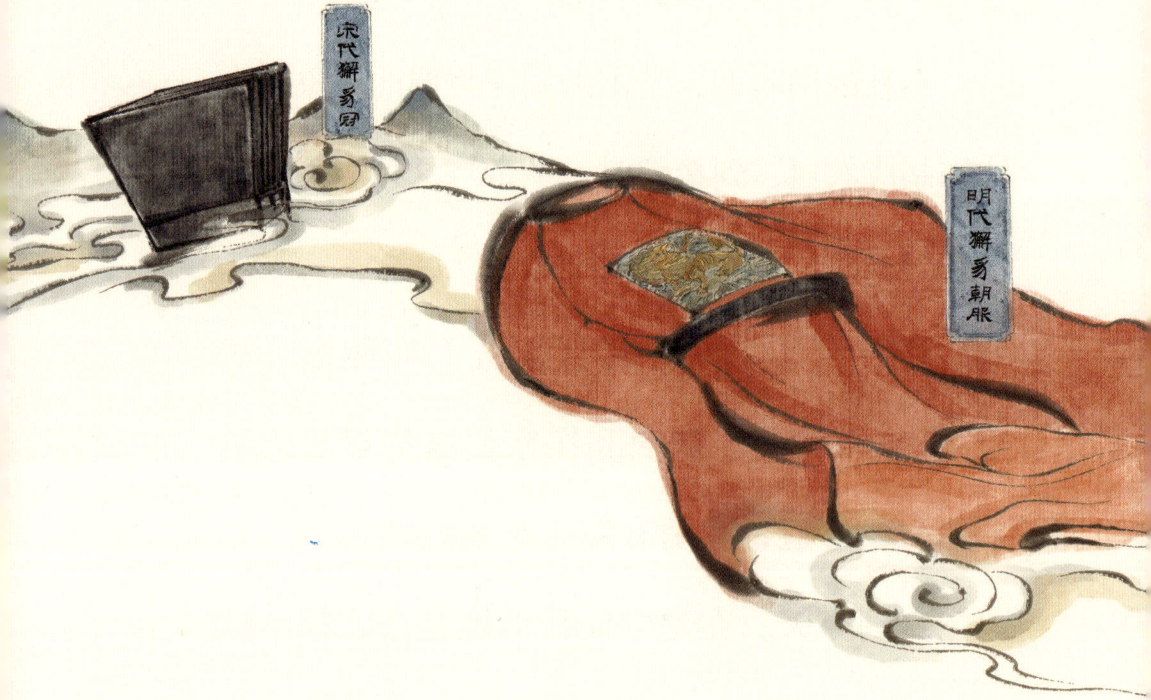
宋代獬豸冠
明代獬豸朝服

现代獬豸雕塑

## 思考一下

小朋友，你觉得獬豸判案真实存在吗？

你能判断出一个人说的是真话还是假话吗？

## 学点古文

皋陶治狱，其罪疑者，令羊触之。有罪则触，无罪则不触。斯盖天生一角圣兽，助狱为验，故皋陶敬羊，起坐事之。

——《论衡 · 是应》

### 古文今译

皋陶审理案件，碰到怀疑有罪的人，就让羊（獬豸）来触碰嫌疑人。有罪的人，羊就会顶触，没有罪的人，羊就不会顶触。这是天生的独角神兽，帮助检验审理案件，因此皋陶敬重羊，时刻都侍奉它。

法制课堂

## 什么是法？

现在的“法”字，最早写成“灋(fǎ)”，它由“水”“廌(zhì)”和“去”三部分构成。“廌”与“去”表示神兽廌能够辨别出罪犯，发起攻击使其离去。“水”则代表对公平的追求，即平之如水。“灋”字的构成表达了中国古人对公平的追求，也展现了法所具有的公平正义的本质。

法，是体现统治阶级意志的、由国家制定或认可、用国家强制力保证执行的行为规则的总称。

神兽决狱的时代已经远去。现在，我国坚持完善以宪法为核心的中国特色社会主义法律体系，建设社会主义法治国家。

法律就在我们身边，与每个人的生活息息相关。中华人民共和国公民在法律面前一律平等。任何公民都享有宪法和法律规定的权利，同时必须履行宪法和法律规定的义务。

法律规定我们享有人身权、财产权、受教育权等各项权利，为我们抵御不法侵害提供了坚强盾牌；法律也规定了维护国家利益、依法纳税、爱护公共财物等各项义务，为我们设定了行为准则。

法律伴我们成长，为我们护航。让我们一起尊法、学法、守法、用法！

## 成语积累

**各执一词** 各人坚持自己的说法。

**井井有条** 形容条理分明，整齐有序。

**唇枪舌剑** 嘴唇像枪，舌头像剑。形容争辩激烈，言辞犀利尖刻。

**目瞪口呆** 目瞪：睁大眼睛直视；口呆：嘴里说不出话来。形容因惊诧、害怕、茫然而发愣的样子。

**如虎添翼** 像老虎添上翅膀。比喻本来就强有力的人又增添新的助力，更加强有力。

# 武

贰

# 大舜救败

燧人氏
伏羲氏
神农氏
颛顼
黄帝
尧
舜

## 趣读故事

大家知道，夏、商、周是中国最早出现的三个朝代，距现在大约四千多年。在此之前，还有“三皇五帝”的传说，一般认为，三皇指燧(suì)人氏、伏羲(xī)氏、神农氏；五帝指黄帝、颛顼(zhuān xū)、帝喾(kù)、尧(yáo)、舜(shùn)。

在那时，没有国家，没有皇帝，人们推举那些善良又能干的人做部落首领。

“三皇五帝”，就是道德高尚、能力出众、功劳很大的部落联盟首领，后人追尊他们为“皇”或“帝”。

今天我们讲“舜”的故事。

舜是有虞(yú)氏部落里的人，他的父亲名叫瞽(gǔ)叟(sǒu)，是一个双目失明的老人。一天夜里，瞽叟做了一个奇怪的梦，梦见一只凤凰口里衔着米来喂他，并且告诉他，自己是来做他的子孙的。不久，瞽叟的妻子便怀孕了，生下一个儿子，就是舜。

在舜小时候，他的母亲就去世了，舜的父亲又娶了一位妻子。继母待舜非常不好，生了弟弟象之后，更是处(chǔ)心积虑想害死舜。

无论受到怎样不公平的对待，舜还是待父母孝顺，待弟弟友爱，维持了家庭的和睦，于是舜的孝顺仁爱之名渐渐远播。

当时的首领尧听说了他的故事，被他的人品感动，便请他做官，为国家做事。

当时，有一个叫历山的地方，农民因为田地的界限产生纠纷，谁也不肯退让。矛盾变得越来越激烈，农民甚至抄起棍棒打起架来。

舜听说了这件事，便跋山涉水来到历山，

召集父老乡亲，劝说大家先放下纷争：

“为了多争一块地，连已有的田地也无人耕种了，耽误了农时，第二年大家都要挨饿了。不如先抓紧时间种下庄稼，然后再慢慢地解决问题。”

抢种完庄稼后，舜带领民众到稍远的地方去开荒。经过辛苦的劳动，终于开垦出一片肥沃的田地。

舜对原先争地的农民说："你们别争了。我们刚刚开辟了一块田地，谁觉得自家的土地少，就把那块地拿去耕种吧。人的双手是用来劳动的，不是用来打架的。为了土地大动干戈，伤了族人之间的感情，多不值得呀！"

种下去的庄稼有了收成，还多出来许多良田。这下，农民们对舜处理矛盾的做法心服口服了。大家重归于好，一起载歌载舞，庆祝丰收。

争地的矛盾刚解决，黄河边的渔民又打了起来。

原来，渔民打鱼，都喜欢选择上游缓坡或河湾水草丰富处，但好位置是有限的。为了争抢有利地势，渔民们不得不起早贪黑，有的人甚至彻夜不眠，守着自己的位置。还有一些人，仗着家族人多势众，就直接上去撒网捕鱼，抢夺地盘，引发了不少纠纷。

舜马不停蹄地赶到了黄河边。来到渔村，他便在村子里住了下来。舜和渔民们同吃同住，还跟着大家一起去打鱼。在劳动的时候，他总是去帮助那些年老体弱的人，帮他们撒网、收网；等到吃饭的时候，他总是最后一个吃，将鱼肚子上的肉都让给老人孩子，自己啃(kěn)鱼骨头。

舜劝诫渔民们说："你们世世代代在河边打鱼，时常会遇到发大洪水这样的天灾，是大家的互助互爱才让村子一直维系发展到现在。如果继续这样争斗下去，那么大家就都打不到鱼了。"

舜的言行慢慢地感化了渔民。再出去打鱼时，大家都争相把好的地势让给老人和体弱的人。收获多的人，也会分一些鱼给收获少的人。小渔村里其乐融融、一派和谐。

舜终于可以放心离开了。

但舜并没有闲下来，他又来到了东夷(yí)。

东夷有一种优质土壤，特别适宜用来制作

陶器，连首领祭祀上天都是使用这里出产的陶器。但最近大家发现，陶器越来越薄了，一摔就碎，一点都不结实。

尧十分不满，便派舜到东夷去督查，看到底出了什么问题。

舜来到东夷，和陶工们同吃同住同劳动，时间久了，他便发现了问题所在。并不是陶工不能做出坚固的陶器，而是作坊的工头为了做出更多的陶器，赚到更多的钱，逼着陶工们没日没夜地工作，陶工们疲累交加，自然就做得没那么好了。

舜马上撤(chè)换了工头，又和工匠们一起研究、改进了制陶工艺，制成了更加坚固美观的陶器。

事迹传开以后，四方都在传颂舜的德行。当时的人们认为，社会风气败坏，才出现了纠纷，而舜的做法扭转了败坏的风气，所以称为

“大舜救败”。看到舜人品高尚，才能出众，尧将女儿嫁给他，后来又将首领的位置禅(shàn)让给他。

在上古时期，首领的传承实行禅让制，就是在上一任首领还活着的时候，将首领之位传给没有血缘关系，但公认有道德、有才干的人。

与禅让制相对应的是世袭制，就是君主死后将王位传给自己的儿子，王位在家族内部一代代传承。

继位之后，舜并不依靠严刑峻(jùn)法治理天下，而是注重道德教化。他任命了22名德才兼备的官员，制定了三年一考核，三次考核决定罢免或升迁的制度。其中掌管司法的官员就是我们在《法的故事》里讲到的皋陶。

相传舜创作了一首名为《南风》的诗歌，一边弹琴，一边吟唱：

南风之熏(xūn)兮，可以解吾民之愠(yùn)兮；

南风之时兮，可以阜(fù)吾民之财兮。

诗歌的意思是：南风温暖地吹着，可以解开万民的愁苦；南风温暖地吹着，可以丰富万民的财物。这首诗表明舜时时想着用像南风一样和煦的仁政治理天下，使人民心情愉快，生活幸福。

## 思考一下

小朋友，请你想一想，如果你遇到舜面临的这些问题，你会怎么处理呢？

## 学点古文

舜非严刑罚重禁令，而民归之矣。去者必害，从者必利也。

——《管子 · 治国》

## 古文今译

舜并没有采用严厉的刑罚、严酷的法令，但民众都归向他。这是因为离开他必定受害，跟着他必然得利。

法制课堂

## 什么是道德？

道德，是人们共同生活及其行为的准则和规范。与法律由国家强制力保证执行不同，道德通过人们的自律或通过一定的舆论对社会生活起约束作用。

《尚书》记载：“德自舜明。”《史记》记载：“天下明德皆自虞帝始。”意思都是说，中华文化提倡道德文明是从舜开始的。舜也因此被称为中国道德鼻祖。

中华传统美德源远流长、博大精深，有天下为公、忧国忧民的爱国情怀；有立己达人、自强不息的个人操守；有孝敬父母、兄友弟恭的家庭伦理；有乐于助人、谦恭礼让的处事规范；有诚实守信、精益求精的敬业精神；等等。

现在，“爱国、敬业、诚信、友善”，是社会主义核心价值观对公民提出的基本道德规范。

## 成语积累

**处心积虑** 处心：存心；积虑：长久考虑。蓄意已久，费尽心机地算计。

**跋山涉水** 跋山：翻山越岭；涉水：徒步过河。爬山过河。形容长途远行的艰辛劳苦。

**其乐融融** 融融：和谐而快乐的样子。形容十分快乐、和睦的样子。

**马不停蹄** 比喻一刻也不停留地前进。

**严刑峻法** 峻：严酷。指严酷的刑法。

叁

叁

# 网开一面

## 趣读故事

传说，在母系氏族时期，有一位名叫简狄(dí)的女子，在河里洗澡时，突然发现岸边的树上有只黑色的燕子在下蛋。等燕子飞走，她便捡了一枚蛋，吃了下去，不久便怀孕，生了一个孩子，取名为契(qì)。

契长大以后，成为一个叫“商”的部

落的首领，这就是“天命玄鸟，降而生商”的传说。商部落渐渐发展壮大，到夏朝后期，已经成为称霸一方的大诸侯国。

夏朝最后一位统治者桀(jié)在位的时候，商国的王位传到了成汤（又名商汤）的手中，他就是今天这个故事的主人公。

有一天，成汤外出，路过一处茂密的森林时，发现一位猎人正在布置捕猎的网，东南西北四面都挂得严严实实、密密麻麻。

按照当时的习俗，猎人跪在地上对着天拜了几拜，祷告说：“求上天保佑，愿天上飞的，地上跑的，四面八方过来的鸟兽都进到我的网里来。”

成汤见了这一场景，感慨道："这样张网，所有鸟兽都被捕尽了，实在是太残忍了。"便命人将网撤掉三面，只留下一面。成汤也跪下对上天祷告说："请天神见证，天上飞的，地上跑的，若至此地，想往左边逃，就往左飞，想往右边逃，就往右飞，不听话的，就往网里钻吧。"

祷告完毕，成汤对猎人和部下说："对待禽兽也要有仁德之心，不能捕尽捉绝，要留下一条生路。只有不听天命的，才可以捕捉。"

此事传开来，众人深受感动，以后商国境内，猎人张网都只网一面。诸侯们知道了，都十分佩服成汤的仁德。

这个故事产生了一个成语，就叫“网开一面”，比喻用宽大的态度对待他人。

当时，夏桀昏庸无道、残忍暴虐，老百姓苦不堪言。成汤想要起兵反抗，推翻夏桀的统治，于是委派身边一位得力的大臣伊尹潜伏到夏朝的都城打探消息。

伊尹是一位非常传奇的人物。他本是一个奴隶，但天资聪颖，本领高强，胸怀远大的志向。

伊尹听说了成汤的事迹，认为他是一位值得辅佐的君王，便想方设法来到成汤身边当了一名厨师。

一天，伊尹精心制作了一道美味佳肴，让

成汤赞不绝口。成汤召见伊尹问：“你是用什么原料、什么方法做出这样鲜美的菜肴？”

伊尹答道：“食材有酸、甜、苦、辛、咸五种味道，掌握火候，调和五味，烧出来的饭菜软烂香浓、咸淡适中、甘甜不腻，自然美味可口啦。”

抓住成汤兴趣正浓的机会，伊尹赶紧由烹调之道说到治理天下的大道理：“其实，治理国家和做菜是一个道理。国家政策不能一成不变，也不能频繁变动。管理国家既不能操之过急，也不能放松懈怠。各种资源利用得当，各方力量平衡有序，百姓自然安居乐业，国家自然兴盛强大。”

成汤慧眼识珠，免除了伊尹的奴隶身份，让他辅佐自己治理国家。

伊尹来到都城，见夏桀沉迷玩乐，不管老百姓的生死，官员从上到下浑浑噩(è)噩，不能各司其职。百姓积怨已深，甚至有人日夜向上天祷告："天上的太阳何时毁灭啊，我愿意与他（夏桀）同归于尽。"

于是，伊尹大胆地判断夏朝已经出现了灭亡的征兆，回到商国报告成汤，成汤坚定了起兵灭夏的决心。

成汤首先攻打的是邻国葛国。

葛国的国君葛公昏庸无道。有一年，葛公借口遇到灾荒之年，没有足够的食物，就不打算祭祀上天和祖先了。成汤听说此事，便赠送给葛公许多牛羊、稻米等，供他们祭祀上天和祖先，还送了许多食物救济葛国的老人和孩子。

但是，葛公不仅没有把这些食物拿来祭祀，还把老人、孩子得到的食物都抢夺过来，残忍地杀害了不肯交出食物的人。

成汤攻打葛国，葛国人不仅不反对，反而拥护他。这样一来，各诸侯国也都纷纷来投奔

成汤。

深得民心的成汤率军一路高歌猛进，历时近 500 年的夏王朝，被商朝取代。

建立商朝后，成汤吸取了夏朝灭亡的教训，整顿吏治，从严管理，制定了专门规范官吏行为的《官刑》。《官刑》中列举了一些很不好的行为，比如在宫廷里面又唱又跳，搞装神弄鬼的迷信仪式；沉迷于打猎取乐，放纵堕落；违背圣贤的教诲，亲近坏人，疏远好人；等等。

成汤认为，官员若沾染上这些不良风气，将使家族败落；诸侯国国君若沾染上这些不良风气，将使国家灭亡。

可以说，《官刑》是中国自有史料记载以来最早的反腐倡廉制度。

在成汤的治理之下，商朝日渐强盛起来。

古书上说：“昔有成汤，自彼氐羌（dī qiāng），莫敢不来享，莫敢不来王，曰商是常。”意思是，从前成汤建立商朝，那些远方氏族氐羌，没人胆敢不来进贡，没人胆敢不来朝拜，商王实为天下公认的王。

## 思考一下

小朋友，伊尹说食物有“酸、甜、苦、辛、咸”五种味道，你最喜欢哪一种呢？请你根据伊尹讲的做饭的道理来思考一下，怎样才能把饭菜做得好吃呢？想好了，跟爸爸妈妈交流一下吧。

## 学点古文

故久而不弊，熟而不烂，甘而不哝，酸而不酷，咸而不减，辛而不烈，澹而不薄，肥而不腴。

——《吕氏春秋·本味》

## 古文今译

所以时间长但不毁坏，做得熟但不超过火候，甜但不过度，酸但不过分，咸但不减损原味，辣但不浓烈，清淡但不过薄，肥美但不发腻。

法制课堂

## 民惟邦本　本固邦宁

《尚书》有云：皇祖有训，民可近，不可下，民惟邦本，本固邦宁。意思是，祖先有训诫，人民是用来亲近的，不能轻视与低看；人民才是国家的根基，根基牢固，才能保障国家的安宁和稳定。

得民心者得天下，失民心者失天下；水能载舟，亦能覆舟。这些都说明了民心向背的重要性。

中华人民共和国是工人阶级领导的、以工农联盟为基础的人民民主专政的社会主义国家。国家的一切权力属于人民。

中国共产党坚持全心全意为人民服务的根本宗旨，坚持人民至上，坚持一切为了人民、一切依靠人民，始终同人民同呼吸、共命运、心连心。

## 成语积累

**赞不绝口** 赞：称赞；绝：停。不住口地称赞。

**安居乐业** 安定地居住着，愉快地从事自己的工作。形容人民生活安乐幸福。

**同归于尽** 归于：走向；尽：完，指灭亡。一起走向死亡或毁灭。

**浑浑噩噩** 浑浑：浑厚朴实的样子；噩噩：严肃的样子。原形容浑厚严肃。现多形容人愚昧无知或糊里糊涂。

**高歌猛进** 高声歌唱，勇猛前进。形容气势雄伟，斗志昂扬。

肆

# 子产铸刑书

## 趣读故事

春秋时期，郑国有一位执政官名叫子产。子产是当时最负盛名的政治家，也是圣人孔子推崇的人，孔子称他为“古之遗爱”，是能给民众带来实惠的人。

子产做了一件前无古人的事情，他把当时郑国制定的法律条文刻在大鼎上，向百姓公布。人们管这个行为叫“铸刑书”。

对于现在的我们来说，法律条文公开是再自然不过的事情，只要花十几块钱就可以买到一本《宪法》《刑法》《民法典》等法律条文书，在网络上也能随时查找到法律条文。但在2000多年前的郑国，这个举动却引发了轩然大波。

这场风波有多大？从一个人的反应可见一斑，他就是晋国的官员叔向。

叔向是当时名气很大的一位官员，孔子曾经夸他是“古之遗直”，就是非常正直的意思。他与子产虽然分属不同的诸侯国，但都是德才兼备、胸怀天下的人，二人关系不错，可以说是惺惺相惜。

但是，得知子产铸刑书之后，叔向勃然大怒，写了一封信给子产，对子产公布法律条文的行为大加批驳。

这封信很长。在信的开头，叔向直言道："子产啊，以前我觉得您这个人还是很不错的，是能够将国家治理好的。现在我对您不抱希望了。"

当时的人都十分崇尚上古时代，认为尧、舜、禹这些部落首领以及商汤、周武王这些前朝的君主都是具有伟大德行的圣人，依靠道德教化、礼仪规范、榜样引导等手段，就将国家治理得井井有条。

因此，叔向认为，治理国家最好的办法就是依靠圣明的君主和他们的大臣。如果有案件发生，君主和大臣们应具体分析每一个案件的实际情况，从而作出准确的判决，而不是依靠一套死板的成文法。

君主与大臣作出判决的标准和依据是不应该让普通民众知道的。在叔向看来，只有在犯法的人不知道自己将面临怎样的刑罚处罚时，刑罚才会发挥最大的震慑(shè)作用，人们对法律才会有敬畏之心，不敢轻易犯法。

为了说服子产，叔向引经据典："《禹刑》是在夏朝发生混乱时制定的;《汤刑》是在商朝发生混乱时制定的；《九刑》是在周朝发生混乱时制定的。可见社会乱了，君主和大臣们的道德水平、治理能力不行了，才会依赖法律，可这样做反而让国家更乱了，所以夏商周都灭亡了。”

叔向认为，治理国家还得靠礼，不能靠法，更不能公开法条。如果把法律公开，民众知道了裁判标准，君主和大臣就失去了裁断的权力。而且公布的法律条文又不可能面面俱到，没有漏洞。一些人就会想尽一切办法来钻法律的空子，寻找对自己有利的部分，还可能针对条文的漏洞进行争辩。这样一来，社会秩序就会混

乱，礼乐崩坏，道德沦丧。

收到这样一封批评自己的信，子产似乎早有预料，他并没有生气，提笔给叔向写了一封简单的回信。信中说：“如您所说，我没有什么才能，管不了子孙后代的事，我只是想解决眼下社会存在的问题，能解决一点算一点。我不能接受您的意见，但非常感谢您的来信。”

这封信完美诠释了什么叫“礼貌地拒绝”。

其实，叔向的观点代表的是当时贵族阶层的主流观点，他的这封信还算是很克制的。

晋国另一位大臣叫士文伯，他可就简单粗暴多了，到处跟人说："我观测天象，看见了大火星，这是上天警示郑国要发生大火灾啊！郑国人用火铸造大鼎，上面刻满会引发争端的法律，一定就是这东西引来了上天的惩罚。"

这种说法，恐怕子产听了都懒得辩驳了。

不得不承认，叔向的观点还是有一定的道理的。汉代以后的立法者总结了历史经验，把春秋战国时期主张用道德和礼制来治理国家的儒家思想和主张用法律来治理国家的法家思想结合起来，儒法合流形成了中国古代法律独树一帜的特征，即"礼法合一"。

子产铸刑书之后，有一位名叫邓析的人，口才非常好，擅长辩论。他热衷于研究法律，但对子产铸在鼎上的法条不太满意。他就自己起草了一套法条，刻在竹简上，叫作“竹刑”。

邓析还帮人打官司，收费很便宜，给一套粗布衣服就行。他的辩才有多好呢？有一个真实的案例。

有一年，郑国发大水，一个人淹死了，尸体被人打捞上来。他的家人听说后，就想把尸体要回去安葬。但打捞尸体的人听说这户人家很有钱，就漫天要价，死者家人不想出这么多钱，双方相持不下。

无奈之下，死者家人便向邓析请教。邓析说："你们别着急，一分钱也别多出，对方也会把尸体卖给你们，因为除了你们之外，没有人会来买这具尸体。"这家人一听很有道理，便回家踏实等着了。

过了几天，打捞尸体的人看情况不对，也来找邓析。邓析说："别着急，一分钱也别降价，因为除了你这儿，他还能去哪买回家人的尸体呢？"这人一听，也不着急卖了。

乍一看，邓析这不是唯恐天下不乱吗？其实他这是一种"两面思维"，这种思维能让对立的双方从对方的角度，进行全面理智的思考。

果然，过了几天，冷静下来的双方也发现了：合作则“双赢”，对立则“双输”。于是，他们以一个合理的价格达成了协议。

有了邓析这样的人，社会上打官司的人多了起来，人们更加重视自己的权利，思考问题的方式也更加理性了。邓析专门帮人打官司，搞得当时的官员头痛不已，觉得自己的权威受到了损害。

但作为国卿（相当于宰相）的子产十分大度，宰相肚里能撑船，虽然被邓析多次批评，但他并没有为难邓析。

在子产死后，继任的执政官却没有子产的胸怀，无法容忍邓析，借故杀了他。

邓析被后人称为“中国第一位职业律师”。

虽然过程有些曲折，但在子产的治理下，郑国还是越来越好了。

子产一生廉洁奉公，深受人民爱戴。在他死后，家里没有积蓄为他办丧事。百姓知道了，纷纷捐献金银珠宝帮助他的家人，但子产的家人不肯接受。

百姓于是将金银珠宝抛到子产家附近的河中，以此来悼念这位值得敬仰的人。珠宝在碧绿的河水中闪烁着金色的光芒，从此这条河被称为金水河。据说，这条河现在还在河南省郑州市缓缓流淌呢。

## 思考一下

小朋友，你觉得法律是公布出来好，还是不为人知更好呢？说说你的理由吧。

学点古文

复书曰："若吾子之言。侨不才，不能及子孙，吾以救世也。既不承命，敢忘大惠？"

——《左传·昭公六年》

古文今译

回信说："如您所说，我的才干有限，不能照顾到子孙后代，只是解决当下的社会问题而已。既然不能接受您的教导，怎敢忘记您的大恩大德？"

法制课堂

## 法律为什么要公开？

在子产铸刑书之前，我国一直实行的是“刑不可知，则威不可测”的秘密法制（习惯法）。统治阶层认为，法律应该保密，而不能公之于众。如果大家都知道了法律的内容，就能够知道官员对案件的判决是不是合理合法，就不会畏惧和尊崇贵族和官员，统治阶层的权威也就荡然无存了。

这样的制度完全是为统治阶层服务的。贵族把法律垄断在自己的手里，只保障了贵族阶层的利益。而广大的平民和奴隶则成为任由贵族官员宰割的羔羊，他们的权益一点儿都得不到保障。

从子产铸刑书开始，中国的法律就进入成文法时代。成文法的一个特征就是公布法律，让民众知晓并遵循法律，进而规范行为。

在现代，法律早已不是秘密，司法机关的活动也在全社会的监督之下。阳光是最好的防腐剂，司法越公开，就越有权威和公信力。公平正义要以看得见的方式实现。

## 成语积累

**可见一斑** 斑：斑纹。从竹管里看豹，虽然不能看到豹的全体，但也能看到豹身上的一块斑纹。比喻从一点可推知全貌。

**勃然大怒** 勃然：生气时脸变色的样子。形容人大怒的样子。

**轩然大波** 轩然：高高涌起的样子。高高涌起的大波涛。比喻大的纠纷或风波，也比喻强烈的反响。

**德才兼备** 兼备：同时具备。品德好，同时又有才能。

**相持不下** 指双方力量相当，谁也战胜不了谁。

# 伍

伍

# 一断于法

## 趣读故事

小朋友们一定都知道秦始皇横扫六国、一统天下的故事，那时候的秦国真是威风极了。但是啊，秦国可不是一直都这么威风的。在战国初期的一段时间里，秦国东边的邻国——魏国有一支被称作“魏武卒(zú)”的军队，犹如神兵天降，战无不胜。

魏武卒厉害到什么地步呢？据说他们总共打了七十二场战役，胜利六十四场，其余的打成平手，从未打过败仗。

因为和秦国相邻，魏武卒就一直压着秦国打。曾经在一次战役中，五万魏武卒打败五十万秦军，创下以少胜多的奇迹。那一段时期，秦国丢失了大片土地，龟缩在西部都不敢往东边多看一眼。

魏国自然就成了一时霸主。

魏武卒为什么会这么厉害呢？我们等会儿再说，先来讲一个当时流传甚广的小故事。

一个外地人，姑且叫他王五吧，第一次来到赵国首都邯郸（今河北省邯郸市）。王五路过田野的时候，发现一群人都在朝一个方向跑，嘴里还大喊大叫着什么。王五觉得奇怪，便问路边的人：“他们在干什么呢？”

路人回答说：“追兔子呢！最近啊，这里出现了许多野兔子，大家听说了，就都来抓。”

王五心想：“邯郸的人可真喜欢吃兔子啊。”

他继续赶路，进了城，来到一个卖菜的市场，看到一个摊位前面有两个大笼子，里面满满当当地装着许多只兔子，却没有一个人去抓这些兔子。

王五觉得奇怪，便走过去问摊主："我来的时候见许多人在野外辛辛苦苦地追逐兔子，你这里的兔子这么多，为什么没有人来抓呢？"

摊主像看傻子一样看着王五，说："这些兔子是属于我的，付钱才能带走，直接抓，难道不犯法吗？"

现在听这个故事，小朋友们可能会觉得王

五真傻啊！在今天，所有权的观念深入人心，哪样东西是属于谁的，十分明确，不管是偷别人的东西还是抢别人的东西，都会被警察叔叔带走。而在春秋战国时期，法律的思想还在萌芽之中，人们并没有清晰明确的所有权观念。

那追兔子和魏武卒又有什么关系呢？

答：他们都和法家有关系。

什么是法家？

春秋战国时期，群雄争霸，许多有识之士周游列国，为诸侯国国君出谋划策，提出各种各样的治国主张，由此形成了许多不同的思想流派。其中最主要的有儒家、法家、道家、墨家等。

儒家的代表人物是我们最熟悉的孔子、孟子。儒家主张治国要施行仁政，即用温和的道德说教让民众心服口服地遵守秩序，服从统治。如果是儒家弟子遇到追兔子的人，可能会劝大家要友好相处，互爱互让。

墨家的代表人物是墨子，他主张“兼爱”“非攻”，就是说不要打仗啦，要平等地爱所有人。墨子还是一位科学狂人和手工达人，如果墨子遇到追兔子的人，可能会帮大家设计一款抓兔子的工具。

道家的代表人物是老子，他主张道法自然、无为而治，就是遵循自然规律，不要干涉太多。如果老子遇到追兔子的人，可能会摇摇头，一笑而过。

追兔子这个故事是法家的创始人之一慎子讲的。他讲这个故事就是想告诉大家，野兔子没有主人，大家都可以去抢；市场上的兔子有主人，除主人以外，谁都不能随便乱动，这就是规则。

诸子百家

同样，治理社会也要有明确的规则，就是法令。百姓知道什么该做、什么不该做，国家自然会井井有条。反之，如果没有明确的法令，大家都不知道什么是对的、什么是错的，那肯定都拼命争抢，乱成一锅粥。

法家还认为，制定了法律，就要坚决地执行，不论这个人的地位高低、身份贵贱、贫穷富有，也不论这个人是法官的亲朋好友还是与法官非亲非故，这就叫“不别亲疏，不殊贵贱，一断于法”。一切只按照法律来判断罪与非罪。

法家代表人物李悝(kuī)是魏国的政治家，在魏国国君的支持下，开展变法。魏武卒就是法家思想付诸实施后的产物。

变法，就是改变一些不合时宜的制度，建立新的制度和秩序以适应社会的发展。

在李悝生活的那个时代，夏、商、西周实行的贵族制度逐渐走向崩溃，但旧贵族还拥有许多特权，而且这些特权可以

通过世袭制度一代一代传下去。贵族的儿子就算好吃懒做、无才无德，也照样当贵族，过着锦衣玉食的生活。而平民百姓的子弟还是平民，就算他方方面面都优秀，也无法通过自己的努力来改变命运。

李悝自己虽然也是贵族，却看不惯这样的社会现状，觉得这样下去，国家根本得不到发展。于是，他首先废除了世袭制，无论贵族还是平民，想要成为官员，一律需要经过重重选拔，而选拔的唯一标准就是能力。官员选拔出来之后，立下功劳就能得到奖赏，做得不好便要接受惩罚。这种唯才是举的用人标准使有才能的人脱颖而出，他们可以发挥自己的才干，为国家效力。

废除贵族的特权制度，给国家省下了一大笔钱，李悝用这笔节省下来的钱招揽各国有才能的人，一时间，魏国人才济(jǐ)济。

人才问题解决了，还要解决经济问题。

在古代中国，农业是国家经济的支柱，老百姓的吃饭问题是国家治理的头等大事。有了足够的粮食，才能养活足够多的人；有了多余的粮食，才有余力发展商业、军事等。如此积累下来，才能实现国家的富强。

在此之前，周朝实行的是井田制，所有的土地都属于天子，天子把土地分给诸侯，诸侯把土地分给大夫，大夫把土地分给士。诸侯、大夫、士就成为井田制背景下不同阶层的贵族。平民和奴隶则要在不属于自己的土地上辛勤劳作，面朝黄土背朝天。辛苦一整年，将大部分收获上交给贵族，自己留下一点点微薄的粮食糊口。若遇上灾年荒年，还可能冻死饿死。

李悝废除了这种把土地分封给贵族而老百姓在贵族的土地上劳作的制度，将原本属于贵族的土地分给了农民，还鼓励农民自己去开垦荒地。他还教给农民科学的种植方法，提高了土地的收成，增加了国库的收入。

他制定政策，在丰收的年份，国家购买农民的粮食储存起来；在发生饥荒时，再把粮食以低价卖给农民。这种调剂的方法，被称为“平籴(dí)法”。这样的做法，稳定了粮价，避免了丰年浪费，荒年饥馑(jǐn)，极大地促进了魏国农业的发展，农民的生活也日渐安定富足。

正是在李悝变法的背景下，一位名叫吴起的卫国人登上了历史舞台。吴起家里非常有钱，社会地位却不高。他为了做官花了很多钱，结果不但没当上官，还被那些贵族子弟狠狠地嘲笑了一番。

吴起一气之下离开了卫国，发誓不干出一番事业就不回家。

听说李悝不拘一格招揽人才，吴起就来到了魏国，因为才华出众，获得了李悝的重用。

事实证明，吴起是个了不起的军事天才。在李悝的支持下，吴起训练了一支魏国精兵，因为个个武力超群，被称为“魏武卒”。

如前文所述，魏武卒几乎没打过败仗。这样一支精兵，是如何训练而成的呢？

首先，选拔严格、装备精良。一个标准的魏武卒，必须身穿重甲，头戴铁盔，背负弓弩和五十支弩矢（nǔ shǐ），手拿长戈或铁戟（jǐ），腰佩一把利

剑，携带三天口粮，半天行军一百里。

其次，依法治军、律令严明。吴起要求魏武卒一切行动听从指挥，否则严惩不贷。有一次战斗，进攻命令还未下达，有个士兵冲上前去杀了两个敌人，被吴起下令斩首。理由是：他虽然很勇敢，但触犯了军纪，就必须斩首。

这个决定看起来残酷，却是维持军队纪律的必然要求。一支强大的军队一定是一个令行禁止的整体，这样才能发挥出最大的战斗力。试想一下，如果每个士兵都不听指挥，只想着自己抢先杀敌立功，军队会乱成什么样子呢？

最后，不问出身、论功行赏。无论平民还

是奴隶，都可以报名参军。一旦入选，国家分给他一百亩土地，全家免除徭役和田税，立下战功还能得到钱财、田地或者房屋的奖赏，甚至封爵（jué）。这种制度对于处于社会底层、饱受剥削压迫的平民或奴隶来说，简直是一个鲤鱼跳龙门、乌鸦变凤凰的大好机会。

作为变法的产物，魏武卒在吴起的率领下相继打败强大的秦军、齐军、赵军，一时之间，魏武卒威震天下。

为了让自己制定的这些政策能够稳定地延续下去，李悝写成了《法经》，向全国公布。

《法经》是中国历史上第一部比较系统的成

文法典，它用法律的形式肯定并巩固了春秋战国时期的变法成果，对当时和后世的法律发展有很大的影响。

李悝变法的成功大大提升了法家的影响力。其他诸侯国有样学样，纷纷掀起了变法热潮，

从而引发了战国初期一次深刻的社会变革，奴隶社会渐渐走向封建社会。

在李悝死后大约两百年，晋国的最高司法长官李离，在判决一个案件时，因下属向他汇报的案情有误，将一个无辜的人错判为死刑。李离发现此事之后，便把自己关押起来，准备判自己死刑来抵命。

当时晋国的国君晋文公觉得无法理解，对李离说："这个案子明明是下级弄错了，不是你的错啊。"

李离说："我官职很高，但从来没有给下属一点权力；我享受了很多俸禄，但从来没有给下属一点利益。现在错判了案件杀错了人，却要把罪责推给下属承担，我怎么能做这样的事呢？而且，我是司法官员，最应当遵守法律，错判了别人死刑，自己也应当是死罪。”

后来，李离自杀了。这个故事，就是历史上有名的“李离伏剑”。

在那个“刑不上大夫”的年代，李离本可以很轻松地脱罪，但他却选择以生命来维护法律的尊严。李离的做法也许矫枉过正，但他严于责己、勇于负责的精神，确实难能可贵。

想来，若李悝知道了这件事，定会有惺惺相惜之感。因为他们身上闪耀的，都是法律的光辉。

## 思考一下

小朋友，让爸爸妈妈给你们讲一讲儒家、道家、墨家、法家的故事，你更喜欢哪一家的思想呢？说一说原因。

## 学点古文

法家不别亲疏，不殊贵贱，一断于法，则亲亲尊尊之恩绝矣。

——《史记·太史公自序》

### 古文今译

法家不区分关系的亲近或疏远，不区分地位的尊贵或卑贱，一切用法律来判断，那么亲属长幼间的恩情就断绝了。

法制课堂

## 什么是法典？

法典是将同一门类的各种法律法规整理、编订而形成的系统的法律。世界上第一部比较完备的成文法典是古巴比伦王国的《汉谟拉比法典》。

《法经》是中国历史上第一部比较系统的封建法典，也成为后世历代法典的蓝本，在中国法制史上有着十分重要的意义。

《法经》分为六个部分，分别是盗法、贼法、囚法、捕法、杂法、具法。

盗是指侵犯他人财产权的犯罪，不仅包括小偷，还包括强盗等。

贼是指侵犯他人人身权的犯罪，也就是现在说的故意杀人、故意伤害之类的犯罪行为。

囚法和捕法就类似于现在的《刑事诉讼法》，是关于怎样抓捕和处理罪犯的规定。

杂法，从名字就可以看出来，内容很杂，包含了各个方面，比如不准赌博，不准官员贪污受贿，不准妄议国家法令，等等。

具法是总则，是对整部《法经》的介绍和解释。

现在，我国非常重视立法工作，《中华人民共和国民法典》是新中国成立以来第一部以“法典”命名的法律，是新时代我国社会主义法治建设的重大成果。

**成语积累**

**出谋划策** 谋：主意；策：计策。为人出主意定计策。

**人才济济** 济济：众多的样子。人才很多。

**令行禁止** 有令即行，有禁即止。形容法纪严明，严格执行。

**不拘一格** 拘：拘泥；格：格局，规格。不局限于一种格式。

**矫枉过正** 矫：纠正；枉：弯曲。为把弯曲的东西扭直，结果又歪向另一方。比喻纠正事物的偏失、错误过了限度，会陷入另一种偏失或错误之中。

# 陆

# 徙木立信

——商鞅

## 趣读故事

在战国时期，有个卫国人名叫商鞅(yāng)，他从小就勤奋好学，特别喜欢研究法律，将李悝当作自己的榜样，坚信一定要用法律来治理国家。

商鞅长大以后，学有所成，听说秦国的国君秦孝公雄才大略，是一位英明的君主。商鞅便怀揣着一本《法经》来到秦国。

他毛遂自荐，想方设法见到了秦孝公，向秦孝公讲述了他的“变法”主张，秦孝公很认同他的观点，便任命他做了秦国的官员。

商鞅想要推行一套自己设计的新法令，但他的想法受到其他官员的批评和反对。

有官员对秦孝公说："现在国家没有发生什么大的变动，不应该随便改变法律。治理国家应该遵守以往圣明的君主们所制定的制度，不要轻易改变。只要大家都遵守以往的礼法，就不会发生什么不好的事情。"

商鞅对他们的说法不以为然，辩驳道："以前各朝各代，每位帝王实施的政策都不一样，我们该遵循谁的？商汤、周武王称王于天下，并不是因为他们遵循了古代法度才兴盛的；夏朝和商朝正是因为不肯改革旧的礼法才招致灭亡。”

商鞅认为，礼法要根据国情来制定，政策和命令都应当顺应当时的社会实际。治理国家，并非只有一种方式，只要对国家有利，不一定非要效法古人。

秦孝公被他说服，委任他在秦国进行变法。

商鞅制定好了新法，却并不急着向百姓公布，而是做了一件奇怪的事。

他命人在都城的南门口放了一根三丈高的木头，同时贴出告示：如果有人把这根木头搬到北门，就赏十金。

这在当时可是一笔不小的财富。围观的人

很多，但大家都不敢相信，害怕这背后有什么阴谋。

看到没有人敢出来搬木头领赏，商鞅将赏金提高到五十金。

重赏之下必有勇夫。终于，一名身强力壮的男子站了出来。他向围观的人群拱了拱手说道：“请父老乡亲们做个见证，我愿意为了这五十金冒一次险。”

说完，他扛起了木头，从南门扛到了北门。

让大家都没想到的是，商鞅当场将五十金如数赏给了他。男子如愿以偿地领到了赏金。

围观的众人目瞪口呆，捶胸顿足，后悔自己没有去搬木头。这时，商鞅命人展开早已准备好的长卷，公布了变法的法令。

这就是历史上有名的“徙(xǐ)木立信”的故事。

商鞅告诉大家："这就是秦国的新法，以后执行新法也会像今天一样言出必行，希望大家严格遵守。"

经过这件事情，大家都认为商鞅是一个说到做到、言而有信的人。

没过多久，秦国的太子触犯了法律。商鞅说："国家的新法令难以推行，就是因为官僚贵族带头违反。太子应该带头遵守法律而不是破坏法律。"但在当时的制度下，直接对太子用刑是不行的，于是太子的两位老师受到了惩罚，因为他们对太子的教导不力。

两位可怜的老师，一位被割了鼻子，另一位

脸上被人用墨水刺了字。这两种刑罚据说是蚩(chī)尤创设的，割鼻子叫劓(yì)刑，用墨水在脸上刺字叫黥(qíng)刑，都是十分残酷的刑罚。

百姓们听说了这件事，对商鞅既尊敬又害怕。敬的是他勇敢无畏，连太子的过错也敢追究；怕的是违反了法律真的会受到严厉惩罚。于是，在秦国，遵法守法蔚(wèi)然成风。

商鞅变法是我国法制史上的重要事件。秦国经过商鞅变法，确立了“以法治国”的思想，社会稳定，秩序井然，逐渐发展强大起来，为秦始皇一扫六国、统一天下奠定了坚实的基础。

但是，商鞅颁布的一些法令过于严苛，遭到很多人的反对。秦孝公死后，继任的秦王不喜欢商鞅，旧贵族趁势群起而攻之，要将商鞅置于死地。商鞅逃亡后被追捕，最后被处死。

但商鞅制定的法律在秦国一直被沿用。

值得一提的是，1975 年 12 月，在湖北省云梦县睡虎地的一座秦代古墓中，考古学家们发掘出了 1155 枚秦代竹简，这批被称为“睡虎地秦简”的珍贵文物记载了十分丰富的内容，其中数量众多的法律条文尤其引人注目，这些法条涵盖了从农业、手工业、商业到社会秩序、刑事犯罪等各个领域，是我国迄今发现的最早、最完整法典，反映了秦朝法令的严密与细致。

例如，《田律》中提到，春天禁止砍伐树木和堵塞水道，不得采集嫩芽、捕杀幼兽和鸟卵，这一禁令要到七月才失效。

《徭律》中提到，朝廷征发徭役时，如果迟到，要根据迟到的天数长短，给予不同程度的处罚。但如果降雨无法动工时，可免除本次征发。

《工律》中提到，制作同一器物，其大小、长短和宽度必须相同。

《厩苑(jiù yuàn)律》中提到，如果用牛耕田，牛的腰围减瘦了，每减瘦一寸要笞(chī)打主事者十下。

竹简中还有一些特别的规定，比如，在路上看到强盗杀人，距离在百步以内却不施以援手，是要被处罚的。身高不满六尺（约合现在的 1.4 米）的人犯罪，可以视为未成年人，免除或减轻处罚。

这些竹简的主人叫“喜”，是秦代一名从事法律工作的基层官吏。竹简上的记录可以算是他的“工作笔记”。喜一生勤勉尽责，笔耕不辍（chuò），为我们揭开了秦朝法律体系的神秘面纱，也为我们展示了一个经历过商鞅变法之后，法制体系已经较为完善的秦朝社会。

现在，如果有兴趣的话，小朋友们还可以在湖北省博物馆看到所有的睡虎地秦简，以及通过 3D 打印技术还原的喜的头像。

## 思考一下

小朋友，请你思考一下，为什么信誉这么重要呢？说话不算话会怎么样呢？

## 学点古文

令既具，未布，恐民之不信，已乃立三丈之木于国都市南门，募民有能徙置北门者予十金。民怪之，莫敢徙。复曰“能徙者予五十金”。有一人徙之，辄予五十金，以明不欺。卒下令。

——《史记·商君列传》

## 古文今译

新法已经制定完毕，还没有颁布，商鞅担心老百姓不相信，于是在都城市场的南门前放置一根高三丈的木头，招募能搬到北门的人，赏十金。百姓感到奇怪，没有人敢去搬木头。商鞅又下令“能搬木头的人赏五十金”。有一个人真的搬了，商鞅立即赏了他五十金。商鞅用这办法表明法令不欺骗百姓。这才公布了新法。

法制课堂

## 什么是诚信？

诚信，就是诚实、守信用。

天下之事，不难于立法，而难于法之必行。商鞅通过建立公信力的方式保障了法律的推行。宋代王安石写诗赞扬商鞅："今人未可非商鞅，商鞅能令政必行。"

"诚者，天之道也；诚之者，人之道也。"意思是说，诚信，是自然的规律；追求诚信，是做人的必备品质。

人无信不立，国无信则衰。诚信是中华民族的传统美德，是社会主义核心价值观的重要内容之一，也是《中华人民共和国民法典》规定的一项基本原则。人人都要讲信用、守诺言，共建诚信社会。

## 成语积累

**不以为然** 然：是，对。不认为是对的。表示不同意或轻蔑。

**毛遂自荐** 毛遂：战国时赵国平原君的门客。比喻自告奋勇或自己推荐自己去做事。

**如愿以偿** 偿：满足。按照自己的愿望得到满足。指愿望得以实现。

**言而有信** 信：信用，信义。说话讲信用。

**蔚然成风** 蔚然：草木茂盛的样子。形容某种事情已广泛流行，形成风气。

◎大舜救败

◎网开一面

◎一断于法

◎徙木立信